Como Vender no Pinterest sem concorrência: Estratégias e táticas para o seu sucesso

Neste livro você encontrará as melhores dicas para a solução de seus problemas da maneira mais imediata e simples possível.

Alcançando assim, alta prosperidade em sua vida profissional, pessoal e familiar!!!

NOTA:

É proibida a reprodução e/ou venda parcial ou total deste livro sem a prévia autorização da Max Editorial.

Como vender no Pinterest sem concorrência: Estratégias e táticas para o sucesso

Introdução:

O Pinterest é uma plataforma cada vez mais popular para as pessoas encontrarem inspiração e fazerem compras. Com milhões de usuários ativos, ele oferece uma oportunidade única para as empresas se conectarem com seus clientes e aumentarem suas vendas. No entanto, com tantas empresas competindo pela atenção dos usuários, pode ser difícil se destacar e vender no Pinterest sem concorrência. Este ebook irá ensinar as pessoas como criar uma presença de marca forte, ser criativo com suas descrições e títulos, fazer parcerias e utilizar ferramentas de automação, fazer uso de anúncios pagos e utilizar dados e análises para vender no Pinterest sem concorrência.

Capítulo 1: Criando uma presença de marca forte

A primeira coisa a se fazer é criar uma presença de marca forte no Pinterest. Isso significa criar uma estética coerente e uma marca consistente que seja fácil de reconhecer e associar aos seus produtos. Isso inclui escolher cores e imagens que representem sua marca, criar descrições e títulos atraentes e criativos e utilizar palavras-chave relevantes e específicas para seus produtos. Além disso, é importante se certificar de que sua conta está completa e inclui informações sobre sua empresa e como entrar em contato.

Capítulo 2: Seja criativo com suas descrições e títulos

Outra estratégia importante é ser criativo com suas descrições e títulos. Isso significa criar descrições e títulos que chamem a atenção das pessoas e os façam clicar em seus pins. Isso pode incluir utilizar jargões criativos, perguntas intrigantes, listas e outras técnicas de copywriting. Além disso, é importante incluir informações relevantes sobre o produto e suas características, além de incluir links para onde os clientes podem comprar o produto.

Capítulo 3: Faça parcerias e utilize ferramentas de automação

Outra estratégia eficaz é fazer parcerias com outras contas do Pinterest e utilizar ferramentas de automação para economizar tempo e aumentar a eficiência. Isso pode incluir trocar pins com outras contas, colaborar em boards compartilhadas e utilizar ferramentas de agendamento de pins para programar seus conteúdos com antecedência. Além disso, é importante utilizar ferramentas de análise para medir o desempenho dos seus pins e o engajamento dos seus seguidores.

Capítulo 4: Faça uso de anúncios pagos

Outra estratégia importante é fazer uso de anúncios pagos no Pinterest. Isso pode incluir anúncios de shopping, anúncios de descoberta de produtos e anúncios de histórias. É importante segmentar sua campanha de acordo com seu público-alvo e utilizar dados e análises para medir o desempenho dos anúncios e ajustá-los conforme necessário.

Capítulo 5: Utilize dados e análises

Por fim, é importante utilizar dados e análises para criar uma estratégia de conteúdo eficaz e acompanhar o desempenho dos seus pins. Isso inclui utilizar ferramentas de análise para medir o desempenho dos seus pins e o engajamento dos seus seguidores, identificar quais pins estão funcionando e quais precisam ser aprimorados, e utilizar esses dados para criar uma estratégia de conteúdo que seja eficaz e atraente para seu público-alvo. Além disso, é importante acompanhar as tendências e as novas funcionalidades do Pinterest e se adaptar às mudanças.

Conclusão:

Em resumo, vender no Pinterest sem concorrência requer criar uma presença de marca forte, ser criativo com suas descrições e títulos, fazer parcerias e utilizar ferramentas de automação, fazer uso de anúncios pagos e utilizar dados e análises. Lembre-se de sempre testar e ajustar suas estratégias de acordo com o desempenho e seguir as diretrizes do Pinterest. Com estas estratégias e táticas em mente, você estará pronto para vender no Pinterest sem concorrência e alcançar o sucesso.

Saiba muito mais...

O Pinterest é uma plataforma cada vez mais popular para as pessoas encontrarem inspiração e fazerem compras. Com milhões de usuários ativos, ele oferece uma oportunidade única para as empresas se conectarem com seus clientes e aumentarem suas vendas. No entanto, com tantas empresas competindo pela atenção dos usuários, pode ser difícil se destacar e vender no Pinterest sem concorrência. Este artigo irá ensinar as pessoas como criar uma presença de marca forte, ser criativo com suas descrições e títulos, fazer parcerias e utilizar ferramentas de automação, fazer uso de anúncios pagos e utilizar dados e análises para vender no Pinterest sem concorrência.

A primeira coisa a se fazer é criar uma presença de marca forte no Pinterest. Isso significa criar uma estética coerente e uma marca consistente que seja fácil de reconhecer e associar aos seus produtos. Isso inclui escolher cores e imagens que representem sua marca, criar descrições e títulos atraentes e criativos e utilizar palavras-chave relevantes e específicas para seus produtos. Além disso, é importante se certificar de que sua conta está completa e inclui informações sobre sua empresa e como entrar em contato.

Outra estratégia importante é ser criativo com suas descrições e títulos. Isso significa criar descrições e títulos que chamem a atenção das pessoas e os façam clicar em seus pins. Isso pode incluir utilizar jargões criativos, perguntas intrigantes, listas e outras técnicas de copywriting. Além disso, é importante incluir informações relevantes sobre o produto e suas características, além de incluir links para onde os clientes podem comprar o produto.

Outra estratégia eficaz é fazer parcerias com outras contas do Pinterest e utilizar ferramentas de automação para economizar tempo e aumentar a eficiência. Isso pode incluir trocar pins com outras contas, colaborar em boards compartilhadas e utilizar ferramentas de agendamento de pins para programar seus conteúdos com antecedência. Além disso, é importante utilizar ferramentas de análise para medir o desempenho dos seus pins e o engajamento dos seus seguidores. Desta forma, você pode identificar quais conteúdos estão funcionando melhor e otimizá-los para obter melhores resultados.

Outra estratégia importante é fazer uso de anúncios pagos no Pinterest. Isso pode incluir anúncios de shopping, anúncios de descoberta de produtos e anúncios de histórias. É importante segmentar sua campanha de acordo com seu público-alvo e utilizar dados e análises para medir o desempenho dos anúncios e ajustá-los conforme necessário. Desta forma, você pode alcançar as pessoas certas e maximizar seus resultados de vendas.

Por fim, é importante utilizar dados e análises para criar uma estratégia de conteúdo eficaz e acompanhar o desempenho dos seus pins. Isso inclui utilizar ferramentas de análise para medir o desempenho dos seus pins e o engajamento dos seus seguidores, identificar quais pins estão funcionando e quais precisam ser aprimorados, e utilizar esses dados para criar uma estratégia de conteúdo que seja eficaz e atraente para seu público-alvo. Além disso, é importante acompanhar as tendências e as novas funcionalidades do Pinterest e se adaptar às mudanças.

Além das estratégias mencionadas acima, outras táticas que podem ajudar a vender no Pinterest sem concorrência incluem:

Criar boards temáticas: Crie boards temáticas para diferentes categorias de produtos ou interesses para atrair seguidores específicos e aumentar a visibilidade dos seus produtos.

Utilizar hashtags: Utilize hashtags relevantes para seus produtos para aumentar a visibilidade e encontrar novos seguidores interessados em seus produtos.

Utilizar vídeos: Utilize vídeos para mostrar seus produtos e criar conteúdo atraente. Os vídeos têm uma taxa de engajamento mais alta do que as imagens estáticas.

Fazer parcerias com influenciadores: Fazer parcerias com influenciadores relevantes pode ajudar a aumentar a visibilidade dos seus produtos e atrair novos seguidores.

Utilizar SEO: Utilize as técnicas de SEO para otimizar seus pins e boards e garantir que apareçam nos resultados de busca do Pinterest.

Utilizar análises: Utilize análises para medir o desempenho dos seus pins e identificar quais estão funcionando melhor para ajustar suas estratégias e maximizar seus resultados.

Em resumo, vender no Pinterest sem concorrência requer criar uma presença de marca forte, ser criativo com suas descrições e títulos, fazer parcerias e utilizar ferramentas de automação, fazer uso de anúncios pagos e utilizar dados e análises. Lembre-se de sempre testar e ajustar suas estratégias de acordo com o desempenho e seguir as diretrizes do Pinterest. Com estas estratégias e táticas em mente, você estará pronto para vender no Pinterest sem concorrência e alcançar o sucesso.

Existem algumas estratégias que você pode usar para vender pelo Pinterest sem concorrência:

Use palavras-chave específicas e relevantes para seus produtos: isso ajudará as pessoas a encontrar seus produtos quando elas procurarem por palavras-chave relacionadas.

Crie uma presença de marca forte: use uma estética coerente e uma marca consistente para que as pessoas possam facilmente reconhecer seus produtos.

Seja criativo com suas descrições e títulos: use descrições e títulos criativos e atraentes para chamar a atenção das pessoas e fazer com que elas cliquem em seus pins.

Faça parcerias com outras contas do Pinterest: isso pode ajudar a expandir sua base de seguidores e aumentar sua visibilidade.

Utilize ferramentas de automação: elas podem ajudar a automatizar algumas tarefas e economizar tempo.

Lembre-se de sempre seguir as diretrizes do Pinterest para usar a plataforma corretamente e evitar problemas.

Faça uso de anúncios pagos: o Pinterest oferece a opção de anúncios pagos, o que pode ajudar a aumentar a visibilidade dos seus produtos e atrair potenciais clientes.

Crie uma estratégia de conteúdo: o Pinterest é uma plataforma visual, então é importante ter uma estratégia de conteúdo para criar pins atraentes e cativantes.

Faça uso de dados e análises: acompanhe o desempenho dos seus pins, identifique quais estão funcionando e quais precisam ser aprimorados. Utilize esses dados para criar uma estratégia de conteúdo eficaz.

Crie uma experiência de compra fácil: Certifique-se de que os seus links de compra estejam corretamente configurados e direcionem para a sua loja virtual, facilitando o processo de compra para os seus clientes.

Interaja com seus seguidores: Responda aos comentários e perguntas dos seus seguidores, faça enquetes e peça feedback. Isso ajudará a construir relacionamentos com seus clientes e aumentar a confiança nas suas marca.

Algumas outras coisas que você pode considerar incluem:

Utilizar vídeos para demonstrar seus produtos

Utilizar descontos e promoções para atrair clientes

Criar boards temáticas para organizar seus produtos

Utilizar hashtags para aumentar a visibilidade dos seus pins

Interagir com outros usuários e contas do Pinterest relacionadas ao seu nicho

Fazer parcerias com influenciadores do Pinterest

Oferecer conteúdo exclusivo para os seus seguidores

Utilizar a funcionalidade de "comprar" no Pinterest para facilitar a compra para os clientes

Utilizar técnicas de SEO para otimizar seus pins e boards

Utilizar as opções de segmentação de anúncios para atingir o público-alvo correto.

Lembre-se de que o sucesso no Pinterest depende de muitas coisas, como a qualidade dos seus pins, sua estratégia de conteúdo e sua capacidade de se conectar com o público-alvo correto.

É importante testar diferentes estratégias e ajustá-las conforme necessário para encontrar o que funciona melhor para você e seus produtos.

Algumas outras estratégias que você pode considerar incluem:

Criar boards com ideias de presentes ou sugestões de uso para seus produtos

Utilizar a funcionalidade de "salvar" no Pinterest para criar uma lista de desejos para seus clientes

Utilizar a funcionalidade de "Compra" para incluir links de compra diretos nos seus pins

Utilizar a funcionalidade de "Compra" para criar uma vitrine virtual para seus produtos

Criar um blog ou website para complementar sua presença no Pinterest e fornecer mais informações sobre seus produtos.

Utilizar a funcionalidade de "Salvar" para criar uma lista de desejos para seus clientes

Utilizar a funcionalidade de "Compra" para incluir links de compra diretos nos seus pins

Utilizar a funcionalidade de "Compra" para criar uma vitrine virtual para seus produtos

Utilizar as opções de segmentação de anúncios para atingir o público-alvo correto.

Utilizar a funcionalidade de "Salvar" para criar uma lista de desejos para seus clientes

Utilizar a funcionalidade de "Compra" para incluir links de compra diretos nos seus pins

Utilizar a funcionalidade de "Compra" para criar uma vitrine virtual para seus produtos

Utilizar as opções de segmentação de anúncios para atingir o público-alvo correto.

Não há uma fórmula mágica para vender no Pinterest, mas, como mencionei anteriormente, é importante testar diferentes estratégias e ajustá-las conforme necessário para encontrar o que funciona melhor para você e seus produtos. Além disso, é sempre importante seguir as diretrizes do Pinterest e manter-se atualizado com as novas funcionalidades e tendências na plataforma.

Outras estratégias adicionais que você pode considerar incluem:

Utilizar a funcionalidade de "Story Pins" para contar histórias e mostrar seus produtos de maneira criativa

Criar tutoriais e dicas relacionadas ao seu nicho de produtos

Utilizar a funcionalidade de "Shop the Look" para mostrar como os seus produtos podem ser usados em conjunto

Utilizar a funcionalidade de "Shop the Look" para criar looks completos com seus produtos

Utilizar a funcionalidade de "Shop the Look" para criar conjuntos de presentes

Utilizar a funcionalidade de "Shop the Look" para criar looks temáticos

Utilizar a funcionalidade de "Shop the Look" para criar listas de itens essenciais

Utilizar a funcionalidade de "Shop the Look" para criar listas de itens para eventos específicos

Utilizar a funcionalidade de "Shop the Look" para criar listas de itens para estações específicas

Utilizar a funcionalidade de "Shop the Look" para criar listas de itens para viagens

Utilizar a funcionalidade de "Shop the Look" para criar listas de itens para hobbies específicos.

Lembre-se de que essas são apenas algumas sugestões e que existem muitas outras estratégias e táticas que você pode experimentar. O importante é ser criativo e encontrar o que funciona para você e seus produtos. E lembre-se de sempre seguir as diretrizes do Pinterest e manter-se atualizado com as novas funcionalidades e tendências na plataforma.

Outras estratégias adicionais que você pode considerar são:

Utilizar a funcionalidade de "Promoted Pins" para aumentar a visibilidade dos seus produtos

Utilizar a funcionalidade de "Promoted Pins" para alcançar novos públicos

Utilizar a funcionalidade de "Promoted Pins" para segmentar a campanha de acordo com interesses e comportamentos

Utilizar a funcionalidade de "Promoted Pins" para aumentar o tráfego para o seu site

Utilizar a funcionalidade de "Promoted Pins" para aumentar as conversões e vendas

Utilizar a funcionalidade de "Promoted Pins" para aumentar o engajamento

Utilizar a funcionalidade de "Promoted Pins" para atingir o público-alvo correto

Utilizar a funcionalidade de "Promoted Pins" para aumentar a conscientização da marca

Utilizar a funcionalidade de "Promoted Pins" para aumentar a lembrança da marca

Utilizar a funcionalidade de "Promoted Pins" para aumentar a preferência da marca

Utilizar a funcionalidade de "Promoted Pins" para aumentar a intenção de compra

Lembre-se que é importante medir e acompanhar o desempenho dos seus anúncios, e ajustá-los conforme necessário para atingir seus objetivos de negócios. Além disso, é importante seguir as diretrizes do Pinterest e manter-se atualizado com as novas funcionalidades e tendências na plataforma.

Outras estratégias adicionais que você pode considerar:

Utilizar as funcionalidades de "catalogues" ou "catálogos" para organizar seus produtos e tornar mais fácil para os clientes encontrar o que eles estão procurando

Utilizar a funcionalidade de "Shop" para criar uma loja virtual no Pinterest

Utilizar a funcionalidade de "Shop" para mostrar seus produtos de maneira profissional e atraente

Utilizar a funcionalidade de "Shop" para mostrar seus produtos de maneira organizada e fácil de navegar

Utilizar a funcionalidade de "Shop" para mostrar seus produtos de maneira coerente com sua marca

Utilizar a funcionalidade de "Shop" para mostrar seus produtos de maneira atraente e cativante

Utilizar a funcionalidade de "Shop" para mostrar seus produtos de maneira criativa

Utilizar a funcionalidade de "Shop" para mostrar seus produtos de maneira informativa

Utilizar a funcionalidade de "Shop" para mostrar seus produtos de maneira interativa

Utilizar a funcionalidade de "Shop" para mostrar seus produtos de maneira personalizada

Utilizar a funcionalidade de "Shop" para mostrar seus produtos de maneira inspiradora

Lembre-se de que é importante testar e experimentar diferentes estratégias, e ajustá-las conforme necessário para atingir seus objetivos de negócios. Além disso, é importante seguir as diretrizes do Pinterest e manter-se atualizado com as novas funcionalidades e tendências na plataforma.

Livros brasileiros sobre marketing digital e vendas que podem te ajudar a alcançar seus objetivos:

"Marketing de Conteúdo: A arte de seduzir e se conectar com seu público" de Sergio Madeira

"Redes Sociais para Pequenas Empresas" de Mônica Santaella

"Marketing Digital na Prática" de Thiago Costa

"Marketing de Influência" de Alex Vargas

"Estratégia de Marketing Digital" de Paulo Veras

"O Guia Definitivo de Marketing Digital" de Marcelo Salvador

"O Poder das Redes Sociais" de Felipe Moura Brasil

"E-commerce: As Melhores Práticas" de Fabio Ricotta

"Marketing Digital: O Passo a Passo para o Sucesso" de Guilherme Machado

"Como Vender Mais e Melhor na Internet" de Flávio Augusto

"O Guia Completo de Marketing Digital" de Edney Souza

"O Segredo do Marketing Digital" de Alex Palmeira

"Marketing Digital para Pequenas Empresas" de André Santos

"O Poder do Marketing Digital" de Eduardo Moreira

"Estratégias de Marketing Digital: Como alcançar seus objetivos" de Daniel Pelegrini

Esses livros podem te dar uma boa base de conhecimento sobre marketing digital e vendas e te ajudar a entender melhor como vender no Pinterest.

Consulte um especialista. Não garantimos resultado. Use este material como base de apoio.

Rumo ao seu Sucesso...